HISTOIRE

DE

L'EMPIRE BADINGUET

PAR

Claude CHAPUIS

LYON

ASSOCIATION TYPOGRAPHIQUE

REGARD, RUE DE LA BARRE, 12

—

1871

HISTOIRE

DE

L'EMPIRE BADINGUET

Profitons un peu des libertés que nous possédons en ce moment; l'avenir paraît obscur et incertain, et le bienfait de la liberté pourrait, hélas! sous peu, nous échapper encore. Il est temps de faire pénétrer dans toutes les couches sociales le vivifiant rayon de la vérité ; il est temps que sa bienfaisante chaleur fasse tomber le masque du despotisme, régénère toutes les intelligences.

Empruntant, pour le profaner, un mot des livres bibliques, cet être fatal à la France a dit souvent : « Aux fruits on reconnaît l'arbre ! »

Eh bien! voyons quel a été l'arbre, et, partant, nous connaîtrons les fruits.

Banni par le despotisme, cet homme rentra en France sous les auspices de la liberté renaissante..... Appelé par le peuple à présider à ses destinées..... il inaugura, pour ainsi parler, le règne des belles promesses, promesses, il est vrai, empreintes d'une sincérité douteuse. Mais, quoi! le pauvre genre humain n'aime-t-il donc plus à se sentir bercé? Ce ne fut que trop vrai, hélas! et pour beaucoup d'entre nous.

Un des premiers actes secrets de son honteux gouvernement fut d'enrôler sous sa bannière tout ce qu'il trouva en France de taré et de corrompu, l'écume, en un mot, de la société. La mission de ces mouchards consistait :

1° A rechercher, pour en prendre très-minutieuse note, tous les hommes intelligents et de quelque influence, républicains, orléanistes, bourbonniens, etc.

2° A chanter, sur tous les tons, les vertus et les très-incontestables qualités du maître...... Journaux, brochures...... tout fut employé. Que de plumes achetées! Que d'intelligences honteusement vendues!

3° La mission de ces mouchards consistait aussi à gagner le plus possible d'affidés et de compères, dans le but de faire meilleure et plus grande besogne.

Ce son côté, le chef de l'État ne restait, certes, pas oisif : Au sein des représentants de la nation, ses discours, assez bien calculés, n'avaient qu'un but : dissimuler son infâme projet, en posant en victime innocente du régime passé, en faisant miroiter aux yeux de tous un avenir séduisant qu'il saurait, disait-il, assurer pour jamais, par son dévoûment sans bornes et son désintéréssement à toute épreuve. Il savait aussi faire parade du plus profond respect aux lois : il devait en être le plus jaloux gardien et le plus inébranlable soutien..... Tout devait être pour le mieux dans le meilleur des mondes..... Pilote aussi habile que prudent, il devait, bravant les plus terribles tempêtes, évitant les plus traîtres écueils, transporter son peuple dans un pays de délices, tel que l'imagination des poètes n'en avait jamais rêvé de pareil.

Quand venait le soir, autour de lui se pressaient ses turbulents et rapaces courtisans. Pour les roués seuls, pour les ambitieux seuls, pour les despotes seuls, s'ouvrait le grand livre des élus. Pour tous, un même mot d'ordre, pour tous, le plus inviolable secret à garder.

Voici que tout-à-coup le mécanisme se trouve monté, il ne s'agît plus que de le faire fonctionner. L'homme fatal lève le masque, l'homme fatal dévoile ses plans ; la France est bouleversée..... le fils parjure attente aux jours de sa mère, il devient parricide...... il enfonce, au cœur de celle qui l'avait accueilli, le glaive meurtrier, le glaive qui donne la mort ; il tue sa mère....... l'infâme..... Nous sommes au 2 Décembre. Il était temps de gorger d'or et d'honneurs (s'il est permis de prostituer ce mot sacré) ses compères, ses sbires, ses mouchards, toute sa tourbe ignoble..... et puis, l'aigle bâtard avait, lui aussi, soif de sang !

A l'œuvre, mes fidèles, à l'œuvre ? mitraillez, emprisonnez, déportez..... et tous de déployer le plus ardent des dévoûments, la plus stupide des énergies.

Mais la farce est jouée, le rideau vient de tomber : A la curée, mes fidèles, à la curée ! L'on fit alors des maréchaux, des généraux, des préfets, des sous-préfets, des procureurs, des juges, des maires, des comtes, des marquis, des barons ; les rangs de la Légion-d'honneur se grossirent aussi de tous ceux qui, de loin ou de près, avaient contribué à élever ce monstrueux édifice ; et tous ces coquins prêtaient serment comme l'usurier prête son or, c'est-à-dire avec intérêt sans bornes.

Plus que le bien, le mal a sa contagion ; beaucoup, qui avaient

douté de la complète réussite de ce coup de main hardi , ne tardè-
rent pas à se mettre à la remorque des premiers. L'encens des plus
basses flatteries fut brûlé partout en l'honneur du demi-dieu qui
avait bien voulu devenir notre sauveur. Mais tous aussi , en raison
de tant de bassesse, n'avaient qu'un but : s'approcher, s'approcher
encore pour manger comme les confrères, au grand râtelier. A
l'égal des pyramides d'Égypte l'édifice , du moins ces coquins
s'égosillaient à le crier sur tous les toits, l'édifice devait durer
éternellement.

Mais quoi, tout n'était pas fini : à l'édifice il manquait son couronnement. Interrogé , mais tremblant encore , et terrifié à la vue
des canons et des fusils, le peuple approuva toutes ces choses
sublimes..... *Brigadier, vous avez raison!* La raison du plus fort
ne fut-elle pas toujours la meilleure? Aux plus récalcitrants on fit
voir la route de Cayenne..... Le but était partiellement atteint.

Il fallut cependant chercher une épouse, mais de sang impérial,
point. Il fallut se contenter de peu..... Le sang impérial fit place au
sang infernal, mais l'un était digne de l'autre..... ce fut l'union du
parjure et de de l'immoralité. L'entourage devait n'être pas de
meilleur bois, tous chamarrés, il est vrai, tous galonnés jusque sur
toutes les coutures..... mais tous achetés, tous marqués du sceau
de l'infamie..... Les beautés féminines ne manquaient pas aux
orgies impériales. Tous, en un mot, laissaient au seuil de leur
demeure, pour hanter cet odieux repaire, honneur, probité, tout ce
qui est bon et vénérable. Que voulez-vous, il fallait bien fêter la
mort de ces 125,000 honnêtes citoyens, écrasés par cette avalanche
de traîtres.

Devant la conscience de l'Europe, il fallait faire valider ce honteux brigandage..... La guerre fut résolue, une guerre toute d'intérêt personnel, qui n'eut pour conséquence que la reconnaissance
officielle du titre d'empereur, déféré à notre regretté sauveur.
Nouveau succès, nouveau renfort de partisans ; organisiez-vous une
société philanthropique, littéraire, financière ou autre, toujours
un compère parvenait à s'y introduire. Une armée bien équipée et
nombreuse devenait un trop lourd fardeau pour la France. Les impôts augmentèrent dans des proportions inouïes. Quantité de
papiers circulaient avec prime et dividende, ce qui alléchait les
boursicotiers qui n'avaient de l'or que pour les paperasses ; le com-
merce et la culture en souffraient. La faillite devenait de plus en
plus fréquente, et l'agiotage le plus honteux des fléaux. Le chef de
l'État , suivant le besoin , faisait la hausse et la baisse pour faciliter
à tous ses compères les plus beaux coups de filets. De nombreux **et**

souvent inutiles travaux se faisaient à l'intérieur, dont les dépenses étaient couvertes par de nouveaux emprunts..... Bien rapide était la fortune des entrepreneurs et de tous ceux ayant droit, car, ce qui coûtait en réalité 100,000 fr, ne se soldait qu'avec 200,000. Le chancre impérial, en un mot, envahissait tout le pays, et devenait un danger pour tous ceux qui, de loin ou de près, ne trempaient pas dans ses ignominies.

A côté de tous ces abus l'on voyait, avec le plus inénarrable dégoût, une organisation sans fierté, ignorante, crapuleuse et tracassière, commettant, à chaque heure, les plus monstrueux abus de pouvoir.

Tous ces crimes, toutes ces fautes accumulées étaient logiquement imputés au chef du pouvoir; de là un mécontentement général; de là, dans les masses, un sourd grondement de haine contre le gouvernement.

Pour détourner ce flot vengeur, une diversion fut tentée: de nouvelles guerres pour les motifs les plus futiles furent entreprises. La Chine, la Syrie, le Mexique virent tour-à-tour briller à leur soleil le fer de nos baïonnettes.

Pendant ce temps, pour achever l'œuvre commencée, dans nos écoles, l'enfance était abrutie par le jésuitisme, dévoyée. O pères de famille, vous en voyez les fruits amers, les fruits bâtards de l'arbre pourri! Répondez! n'est-ce pas là le langage de la vérité? Le sanctuaire sacré de la famille n'était pas plus respecté. Les mouchards de tout costume en franchissaient le seuil, pour y apporter la division et la zizanie. Le frère n'osait pas dire à son frère, l'ami à son ami, ce qu'il pensait, quelles étaient ses impressions. Les hommes intelligents étaient traqués partout comme des malfaiteurs de la pire espèce; ces derniers, au contraire, par une aberration digne de tout l'ensemble du système, constituaient presque exclusivement les rangs des mouchards. Avec de tels maîtres et de tels valets, la France était abrutie, enchaînée, étouffée sous le plus exécrable des despotismes. Les impôts allaient toujours croissant, les denrées alimentaires voyaient leurs prix doublés et triplés; l'ouvrier réclamait-il 25 c. d'augmentation sur son salaire, la mitraille lui répondit dans l'Aveyron, au Creuzot, à Saint-Etienne; et des veuves de ministres millionnaires touchaient sur les fonds publics des rentes de 20 à 25,000 fr. N'était-ce pas chose très-facile, le budget n'avait-il pas pour unique et souverain contrôleur le plus grand de tous les fripons? 100,000,000 suffisaient à peine à la rapacité du monstre; après lui venaient, non moins rapaces mais plus timides, les maréchaux, les ministres, les amiraux, les chambellans ; aussi les millions disparaissaient-ils entre leurs griffes de vautour comme une muscade entre les mains d'un prestidigitateur.

Tout homme honnête et intelligent se sentait pris de dégoût pour tout ce qui touchait à de pareils gouvernants. Nos orateurs démocratiques s'épuisaient, dans leur patriotisme bien compris, à montrer les fautes commises, accumulées les unes sur les autres ; c'étaient la guerre de Chine, le Mexique, où nous avons englouti 20,000 hommes et un milliard, et tout cela pour nous en voir chassés honteusement.

L'ambition de cet homme n'avait d'égale que sa sottise. Ne rêvat-il pas de donner à Pie IX, pour successeur, un de ses cousins, eût-il dû appuyer sa candidature par la voix de nos canons et la volonté des chassepots. Ne fit-il pas secrètement demander son incapable cousin Jérôme pour le trône d'Espagne ! et pour couronnement de l'édifice, il ne s'agissait plus que de laisser à son fils chétif et capricieux rejeton d'un sang appauvri, notre belle France, à nous, notre chère et tant aimée patrie, comme un père lègue à son fils le champ qu'il tient de son père, le champ qu'il a arrosé de ses sueurs, son champ à lui, sa propriété.

Mais l'homme fatal avait compté sans son hôte, sans les germes de discorde qui apparaissaient de toutes parts. La liberté, qui n'est que le droit et la justice, se sentait assez forte pour lutter avec le despotisme. On eût bien tenté un second coup d'Etat, mais les chances de réussite devenant de plus en plus problématiques, on dut recourir à un autre expédient. La guerre ayant toujours réussi à détourner la nation de sa politique, la guerre fut résolue. De secrets arrangements furent arrêtés avec l'*Ours* du Nord, arrangements dont le plus fort devait faire bon marché, la force primant le droit.

Mais revenons à l'homme infernal. Quelques mois avant l'ouverture des hostilités, aidé d'un renégat recruté dans les rangs de la démocratie, l'homme fatal prépare un plébiscite. A 18 ans de là, l'absolution lui avait été donnée, mais, depuis lors, trop de fautes avaient été commises ; le prestige s'éclipsait, il fallait redorer l'aigle ; il fallait donc déployer toute son adresse : en termes incompréhensibles le fameux document fut mis au jour. L'élément intelligent sourira, pensa-t-il, de pitié et de dégoût, mais la masse ignorante et abusée se lèvera comme un seul homme pour crier : Oui. Ceci posé, il me faut 8,000,000 de suffrages ; calculons :

```
Dette de 15,000,000,000 me donne............  2,000,000 suffrages
Employés, mouchards, valets...............  1,000,000    —
Jésuites, gapiants, pensionnés par l'État....  1,000,000    —
Soldats, timides et ignorants..............  3,000,000    —
Absents, portés pour l'affirmative..........    700,000    —
            Au dépouillement, total.......  7,700,000 suffrages
```

— Monsieur, dit le maître au renégat, vous êtes l'homme de la situation, vous êtes et resterez mon bras droit. Je saurai récompenser impérialement tant de science jointe à tant de dévoûment. Pour l'instant, convoquez à domicile et secrètement tous les amiraux, maréchaux, généraux. J'ai de très-sérieuses communications à leur faire.

— Majesté, vos ordres seront exécutés.

Le grand homme préside, calme et solennel, l'auguste assemblée; ses doigts jouent négligemment avec les crocs de sa moustache..... Tous de s'incliner jusqu'à terre devant ce demi-dieu. Prenant la parole, l'homme fatal développe ses projets avec une lucidité sans précédent.

— Eh bien ! Lebœuf, êtes-vous prêt ?

— Sire, il ne manque pas un bouton de guêtre !

— Et vous, Cousin-Montauban ? (*Des voix basses :* Des accusés.)

— Sire , prêt à écraser les Prussiens , comme j'ai écrasé les soldats du Céleste-Empire.

— Et vous, Bazaine ?

— Sire, ce que j'ai fait au Mexique, je le veux faire aussi en Prusse.

— Mac-Mahon, vous êtes armé en guerre ?

— Sire, à la pointe de cette épée je vais vous cueillir les plus beaux lauriers.

— Canrobert, vous serez des nôtres ?

— Sire , vous disparaîtrez sous l'abondante moisson de gloire et de lauriers que nous allons rapporter.

— Et vous, Frossard, ne dormez-vous pas ?

— Non, Sire, je songeais à l'éducation qu'il conviendrait de donner à mon auguste élève. Ne doit-il pas être empereur des empereurs, votre digne successeur.

— Allons, mon cher Fleury, d'où vous vient, à vous si gai d'ordinaire, cet air sombre et rêveur ?

— Ah ! Sire, l'Impératrice est charmante, et la puissance de Votre Majesté est sans bornes, comme aussi mon dévoûment et mes sympathies pour votre très-illustre famille.

La séance est levée...,.

Le Sire fait mander Benedetti.

— Ambassadeur, partez pour Berlin, voici mes lettres de créance auprès de mon frère, le roi Guillaume.

— Sire, je me hâte et cours remplir la haute mission dont vous daignez m'honorer, malgré mon peu de mérite et mon incapacité.

(Benedetti, — retour de Berlin.)

— Eh! cher bon, quelles nouvelles?

(BENEDETTI (d'un air piteux) :

— Votre frère, Sire, m'a dit sur un ton hautain et dédaigneux : « Veuillez, s'il vous plaît, ne pas m'embêter davantage, ou sinon je « vous ferai baiser mon c.... »

Grammont est mandé.

— Sur-le-champ, Monsieur, dit l'Empereur irrité, courez aux Chambres; dites-leur : « On a insulté l'Empereur; vengeance, vengeance; aux armes! » En avant sur la route de Berlin! Allons promptement châtier cet impertinent monarque. J'ai mes mitrailleuses à moi, tenez-les bien cachées; l'ennemi est perdu. Dans quinze jours nous irons nous reposer à Postdam.

Voici toute la France en mouvement; le grand homme a pris le commandement de ses bataillons ; il écrase ce corps d'armée, coupe celui-ci, fait reculer cet autre.

1ʳᵉ dépêche. — Tout va bien! notre Loulou ramasse à ses pieds les balles ennemies; il a le sang-froid des braves et commande comme un vieux soldat.

2ᵉ dépêche. — Les mitrailleuses ennemies nous ont fait beaucoup de mal, mais nous gardons bon espoir.

3ᵉ dépêche. — Nous nous battons comme des lions, et nous sommes battus partout.

4ᵐᵉ dépêche. — A l'Impératrice. Sacrifions tout, mais sauvons la dynastie et la... caisse.

5ᵉ dépêche. — L'empereur, pour éviter toute égratignure, se constitue prisonnier et rend son armée et son épée à son généreux vainqueur... en échange d'un bon logement.... et d'une pension....

Alors commence la débâcle : tous les compères, tous les affidés de se sauver à qui mieux, emportant, avec notre or, tout le poids honteux de dix-huit ans de crime et d'infamie.

Du fond des abîmes de la vérité surgit tout-à-coup la République. Mais alors, quel chaos ! quelle transformation subite dans les rangs, décimés par la fuite, du parti déchu. Cet air d'arrogante et stupide hauteur disparut bien vite.

Tout cet amas de filous tremblait d'être reconnu, et pour étourdir leur frayeur, de toute la force de leurs poumons, on les entendait crier : « Vive la République ! Mort aux tyrans ! » Ô amertume de l'ironie et de l'insulte, des fils qui ont tué leur mère crient : Vive, vive notre mère !

LE ROI GUILLAUME ET SON PRISONNIER. *Ce dernier, d'un air quelque peu abattu, mais résigné :* Il serait bon, illustre et généreux frère, d'aviser le plus tôt possible ; replacez-moi au plus vite sur le trône de France, souvenez-vous de nos conventions !

GUILLAUME (*d'un air arrogant*).—Il est trop tard ! il est trop tard ! La République, que vous avez tuée il y a dix-huit ans, vient de sortir du tombeau.

BONAPARTE. — Je la croyais morte et morte pour toujours, je lui avais porté un si terrible coup.

GUILLAUME. — Il est de ces choses, hélas ! qui ne meurent jamais.

BONAPARTE. — Mais pourtant il faudrait en finir. La République est une mère féconde, et vos Etats sont prêts des miens : si vous m'en croyez (et je parle dans vos intérêts), continuez la guerre, une guerre à outrance, écrasez la France, noyez la mère dans le sang de ses enfants, après quoi vous me rendrez, ou à mon fils, le trône de France, et nous serons les maîtres ; vous l'avez promis, Sire, qu'il vous en souvienne.

GUILLAUME (*après un long silence*). — Oui ! je l'ai promis, qu'il soit fait comme vous le désirez, mais n'oubliez jamais la dette que vous contractez à cette heure.

Et les deux fléaux de l'humanité se donnèrent l'accolade diabolique.

Satan dut rugir de bonheur, et le Bon Génie de la France se voiler la face !

Bonaparte, alors, écrivit ce qui suit :

Aux Officiers supérieurs.

« Il est de mon devoir de vous dire, en ces circonstances, toute la vérité. Ce qui vient de se passer n'est que pure plaisanterie ; les événements ont dépassé nos prévisions ; vous avez cru l'édifice impérial effondré à tout jamais, il n'en n'est rien, il va bientôt sortir de ses ruines plus beau, plus séduisant et plus solide que jamais. Vous voudrez(car je n'ai jamais douté de votre entier dévoûment), vous voudrez nous prêter votre concours pour écraser l'anarchie et faire prévaloir le Bon Droit.

« Voici donc, pour l'instant, ce qu'il vous faut faire :

« Gagner la confiance du Gouvernement de la défense nationale ; obtenir un grand commandement ; vous battre, dès le début en braves ; montrer de l'énergie : crier partout : vaincre ou mourir ! Et puis, au moment opportun, par une fausse manœuvre habilement combinée, compromettre le succès de la campagne, vous rendre aux Prussiens, nos bons amis. Choisissez vos généraux subalternes parmi les plus incapables, et rejetez sur eux toute la faute de l'insuccès. Brillante récompense vous attend tous.

« Mes fidèles, salut.   Napoléon. »

Aux Administrateurs.

« Recevez les ordres du Gouvernement avec empressement, montrez, pour leur exécution, beaucoup de bonne volonté ; mettez tout en mouvement ; mais faites, surtout, plus de bruit que de besogne. Donnez des ordres, des contre-ordres, embrouillez les choses les plus simples, mais sachez toujours vous garder, en cas d'embarras, une bonne porte de derrière. Soyez, en paroles, plus républicains que les plus exaltés ; parlez de l'expulsion des jésuites, de la confiscation des biens de communauté ; n'oubliez pas la suppression du budget des cultes, l'impôt progressif pour les riches. Au besoin, fomentez la guerre civile. Reconstituez, avec l'aide de nos bons amis les mouchards, la liste de nos ennemis présents, passés et futurs ; il en sera fait prompte et sommaire justice. Pour la formation du cadre des officiers des légions de marche, ne prenez que de nos amis, ou des boutiquiers inhabiles et suffisants. Peu ou point d'exercice. Changez-les souvent de cantonnements, on les pourra croire dirigés sur le théâtre des opérations militaires ; entendez-vous à ce propos avec vos confrères des départements voisins. Fatiguez et dégoûtez les légionnaires, faites-les coucher sur la dure ; fournissez-leur mauvaise nourriture, mauvais équipements, tuniques collées, souliers de carton...

. « Si vous faites ces choses, vous aurez droit à l'impérissable reconnaissance de votre souverain.

« Napoléon. »

Aux Jésuites.

« Mes chers et pieux frères,

« Combien je déplore les revers qui se sont abattus sur notre malheureuse patrie. Vous qui êtes les représentants de Dieu sur la terre, vous qui êtes chargés de la sainte mission de ramener les brebis égarées, vous qui avez aussi pour mission de combattre l'anarchie qui désole l'Eglise et l'Etat, refusez-vous de nous venir en aide ? non ! Vous êtes sous la protection de Dieu, et jamais vous ne saurez reculer devant les périls et les dangers, quels qu'ils soient. Le saint Père ne m'a-t-il pas nommé le fils aîné de l'Eglise, et n'avez-vous pas senti les bienfaits de mon règne ? Peut-être le croyez-vous fini à tout jamais, mais les œuvres du Tout-Puissant sont indestructibles ; vous êtes ses plus laborieux ouvriers, relevons ensemble mon trône. Je ne parle pas de votre mission à l'intérieur, je parle de ce que vous pouvez faire pour moi dans les armées. Votre ministère vénérable est, sur les champs de bataille, respecté de tous ; nos bons amis les Prussiens s'approchent-ils de vous, n'ayez crainte, répondez à toutes leurs questions, dites ce que vous savez sur les forces des différents corps d'armée qui vous environnent, ne cachez rien à ceux qui veulent et qui peuvent seuls nous sauver. Dieu, dans le Ciel, et votre fils, sur la terre, sauront vous récompenser dignement.

« Tout à vous.   Napoléon. »

Mais le crime doit avoir, même ici-bas, sa punition. Pendant que Bonaparte dictait, pour le besoin de sa cause, ces infâmes turpitudes, Bismark, le roué et fin compère, écrivait de son côté à un prince :

« Tenez-vous prêts, et tenez prêts aussi tout votre personnel pour l'exécution de nos projets. Le moment est proche. Notre prisonnier a travaillé énormément pour vous sans le savoir. C'est maintenant chose réglée ; nous l'envoyons dans une île éloignée mourir comme son oncle ; rien de plus facile que de lui couper toute communication à l'effet d'éviter toute révélation inopportune, toute réclamation stupide.

« Vous êtes reconnus par notre magnanime empereur d'Allemagne comme seuls héritiers légitimes au trône de France. L'épée de votre bienfaiteur restera tirée pour vous ; en retour, vous n'oublierez pas de faire couler dans les coffres vides de notre souverain les immenses trésors de la France.

« Salut.   BISMARK. »

Tout prouve donc que cet être maudit, s'il en fut jamais un sur terre, n'espérait rentrer en France que pour achever sa ruine. Il eût, sans tarder d'un instant, balayé la démocratie intelligente et ramené sous notre beau ciel les plus épaisses ténèbres de la barbarie et du despotisme.

Pour éloigner de nous cette nouvelle calamité, le Gouvernement provisoire aurait dû, de prime-abord, lancer un décret expulsant de leurs postes tous les anciens serviteurs du régime déchu. Ses mouvements et ses allures eussent été plus dégagés et plus libres, et nous ne serions pas à deux doigts de notre perte. Aurait-on encore rencontré quelques traîtres, vite une application rigoureuse de la loi martiale.

Il eût fallu aussi, dans ces circonstances, à la tête du mouvement un homme de poids, un homme d'action et non un phraseur ; un homme qui sût tour-à-tour retenir, exciter, modérer, enthousiasmer la nation.

Cet homme, si la Providence nous l'avait accordé, eût fait des merveilles et sauvé la France ; cet homme d'énergie aurait choisi d'autres hommes d'énergie ; cet homme aurait soulevé les départements ; cet homme aurait soufflé à tous nos journalistes un peu de ce feu sacré qui, seul, engendre le génie patriotique. On aurait pu croire, je l'ai cru comme bien d'autres, que le peuple briserait d'un coup ses entraves et qu'il surgirait, comme par enchantement, de son sein des généraux, des orateurs, des organisateurs, des héros, en un mot ; mais non, le chloroforme de l'Empire avait pénétré trop profondément dans les veines de la nation et n'avait produit que des traîtres, des incapables, des ineptes ;.. tels devaient être les fruits de l'arbre planté au 2 décembre.

Les nations pourtant ne sauraient périr ; voilà pourquoi j'espère, j'espère que la France sortira de cette agonie qui semble l'avoir déjà envahie ; j'espère qu'elle trouvera un homme de cœur, un vrai citoyen, bon et solide patriote, pour présider à ses destinées ; j'espère, oui ! mais non sans la République, sa seule planche de salut. Elle seule peut nous sauver du naufrage ; elle seule, nous empêcher de disparaître du rang des nations.

Mais certaines mesures préventives ne seraient-elles pas bonnes à prendre ; ainsi :

Laisser dormir la dette de l'Empire.

Bannir à perpétuité toutes les familles ayant quelque prétention au trône.

Application de la même loi aux traîtres à la patrie, aux sénateurs, ministres, maréchaux du régime déchu.

Mort civile pour tout ancien candidat officiel, pour tous les préfets, sous-préfets, généraux, procureurs, juges, à l'exclusion, toutefois de ceux qui, en combattant pour la République, auraient reconquis leurs droits de citoyen.

Confiscation des biens dits de communauté, des biens ayant appartenu à tous les expulsés, au profit des victimes de la guerre.

Diminution des grosses pensions sur l'Etat.

Abolition de tout titre nobiliaire.

Séparation de l'Eglise et de l'Etat.

Abolition des octrois et régies.

Libre-échange avec les Etats-Unis d'Amérique et la Suisse.

Enseignement gratuit et obligatoire, donné par des gens honnêtes et intelligents.

Une colonie pénitentiaire pour les gens nuisibles.

Liberté de la presse et de la parole.

La liberté de tous doit être limitée par la liberté de tous.

Tout sujet mâle, bien corporé, devra, à vingt ans, faire six mois d'exercice militaire au corps à lui désigné ; après quoi, pourra rentrer dans la vie civile ; devra faire partie, jusqu'à 40 ans de l'armée active ; alors les rangs de la garde nationale s'ouvriront pour lui.

Tout fonctionnaire, de quelque nature qu'il soit, devra être élu par le suffrage universel.

Fortifier nos villes et nos villages.

Armer tout homme valide et honnête.

Préparer des engins formidables et perfectionnés.

Accumuler munitions, provisions, tout ce qui est nécessaire, en un mot, pour une guerre de longue durée ; ne rien laisser au hasard : maintenir, avant tout, une discipline sévère ; et le jour venu, nous pourrons dire à nos ennemis : A nous la revanche !

Pour attendre l'heure tant désirée de la vengeance, il nous faudra vivre, mais vivre sagement et nous prémunir contre toute surprise des partis.

Car bientôt nous serons appelés à définir nettement la forme du gouvernement. Mais rappelons-nous que tous les princes, que tous les rois, que tous les empereurs se ressemblent ; sachons profiter des terribles leçons du passé ; ressouvenons-nous de leur langage à tous : « Ayant été appelé par la volonté de la nation à présider à ses destinées, il est de notre devoir (et ce sera pour nous un devoir bien doux) de sacrifier tous nos instants au bonheur de tous. Nous nous efforcerons de relever la France de ses ruines, de lui rendre son glorieux prestige et son premier rang parmi les nations. »

Mais voyons le revers de la médaille: nous aurons pour la première année :

Grande distribution de muselières :

Pour la seconde :

Profusion de chaînes.

A la troisième, on montrera à la nation le grand coffre... vide; à nous alors, Français, de nous fouiller.

Nous tous, qui aimons la France, nous tous mes amis, nous tous, ouvriers du Temple de l'Avenir, apportons notre pierre, déposons-la dans les fondations de l'édifice. Mettons au service de la bonne cause nos bras, nos intelligences et, s'il le faut, notre or. Nos efforts, croyons le bien, seront couronnés de succès; la France républicaine ne mourra jamais plus.

Claude CHAPUIS.

Les Charpennes, 26 février 1871.